Heiko Schröder, Peter Teich

Erarbeiten eines Anwenderhandbuches für die Zeiterfassungs
Anwendersoftware "Leancom 4.0 für Windows"

I0018226

Examicus - Verlag für akademische Texte

Der Examicus Verlag mit Sitz in München hat sich auf die Veröffentlichung akademischer Texte spezialisiert.

Die Verlagswebseite www.examicus.de ist für Studenten, Hochschullehrer und andere Akademiker die ideale Plattform, ihre Fachtexte, Studienarbeiten, Abschlussarbeiten oder Dissertationen einem breiten Publikum zu präsentieren.

Dokument Nr. V185223 aus dem Examicus Verlagsprogramm

Heiko Schröder, Peter Teich

Erarbeiten eines Anwenderhandbuches für die Zeiterfassungs-, Zutrittskontroll- und Anwendersoftware "Leancom 4.0 für Windows"

Examicus Verlag

Bibliografische Information der Deutschen Nationalbibliothek: Die Deutsche Bibliothek verzeichnet diese Publikation in der Deutschen Nationalbibliografie; detaillierte bibliografische Daten sind im Internet über http://dnb.d-nb.de/ abrufbar.

1. Auflage 1997
Copyright © 1997 GRIN Verlag GmbH
http://www.examicus.de
Druck und Bindung: Books on Demand GmbH, Norderstedt Germany
ISBN 978-3-86746-128-3

Deutsche Telekom AG – Fachhochschule Leipzig

Diplomarbeit

Erarbeiten eines Anwenderhandbuches für die
Zeiterfassungs-, Zutrittskontroll- und Anwendersoftware
„leancom 4.0 für Windows"

eingereicht im: Juni, 1997
        von: Schröder, Heiko
              Teich, Peter

Dokumentationsblatt

Bibliographische Beschreibung

Schröder, Heiko / Teich, Peter: *Erarbeiten eines Anwenderhandbuches für die Zeiterfassungs-,*
Zutrittskontroll- und Anwendersoftware „leancom 4.0 für Windows"
Leipzig, Fachhochschule der Deutschen Telekom AG
Diplomarbeit, SS 1997

Kurzfassung

Aufgabe der vorliegenden Diplomarbeit im Bereich Technische Dokumentation war das Erstellen eines EDV-Handbuches für die Zeiterfassungssoftware „leancom 4.0" der Firma CTI GmbH Leipzig.

Aufbauend auf einer Analyse des vorhandenen Handbuches zur Vorgängerversion der Software erfolgte nach typographischen und didaktischen Richtlinien für die technische Dokumentation das Erarbeiten eines neuen EDV-Handbuches. Dieses gliedert sich in drei Teile: Montage, Installation der notwendigen Hardware sowie die Anleitung der dazugehörigen Software.

bestätigt: ....
Gutachter

„Der Ingenieur Kenneth Olsen, Gründer und ehemaliger Vor-
standsvorsitzender der Digital Equipment Corp., gestand, daß er
nicht fähig sei, nach der Gebrauchsanweisung im Mikrowellen-
herd der Firma eine Tasse Kaffee warm zu machen."

Wall Street Journal (1986)

Inhaltsverzeichnis

1 Glossar

Binnenraum Weißraum innerhalb der Schriftzeichen. Seine formale Gestaltung ist für die Lesbarkeit und Ästhetik ebenso wichtig wie die eigentliche Zeichnung einer Schrift.

Blindtext Text, der anstelle des endgültigen Textes in ein Satzlayout eingefügt wird, meist ohne direkt verständlichen Sinn. Der Text ist mit dem endgültig verwendeten hinsichtlich aller typographischen Werte identisch (Schriftart, Schriftgrad, Zeilenabstand, ...).

Blocksatz Anordnung der Zeilen eines Textes, bei dem Zeilenanfänge und -enden in senkrechter Ausrichtung übereinstimmen (→ Flattersatz, → Rauhsatz).

Cicero typographisches Maß, das 12 → Punkt oder ca. 4,5 mm entspricht.

Divis lat. für Teilungszeichen, Bindestrich

Durchschuß Raum zwischen zwei Zeilen. Der Begriff stammt aus der Bleisatzzeit und bezieht sich auf das nichtdruckende Blindmaterial.

Fette Schrift Schrift, deren Strichstärken erheblich breiter sind als die der Normalform.

Flattersatz → Zeilenfall mit unterschiedlich langen Zeilen, meist linksbündig ausgerichtet. Im Unterschied zum → Blocksatz sind die Wortzwischenräume gleich breit (→ Rauhsatz).

Fließtext Der normale Text einer Drucksache, der nicht als Überschrift, Legende o.ä. ausgezeichnet ist.

Gemeine Kleinbuchstaben einer Schrift.

Grundschrift ist die bei einem Druck überwiegend benutzte Schrift.

Italic englisch für → kursiv.

Kapitälchen Schriftschnitt, bei der die → Gemeinen die Form der entsprechenden → Versalien haben.

Kursiv An ältere Schreib- und Kanzleischriften angelehnter, leicht nach rechts geneigter Schnitt einer Schrift.

Layout Anordnungsentwurf des Auftraggebers. Er zeigt, wo und wie Bilder und Texte positioniert werden sollen.

Lesbarkeit Eigenschaft einer Schrift. Sie muß unter normalen Betrachtungsbedingungen für durchschnittliche Leser problemlos erkennbar sein.

Linksbündig Zeilenfall, bei dem alle Zeilenanfänge links senkrecht untereinanderstehen, während die Zeilenenden frei auslaufen.

Marginalie Randbemerkung. Marginalienspalten enthalten Erläuterungen und/oder Abbildungen.

Mengentext → Fließtext

Mittelachsensatz Auch zentrierter Satz, entspricht einem Zeilenfall, bei dem die Mitten der Zeilen senkrecht untereinanderstehen.

Pica Im amerikanischen Maßsystem etwa, was in Deutschland der → Cicero bedeutet.

Point Angelsächsisches typographisches Maß, umgerechnet 3,51 mm (1/72 Inch).

Rauhsatz Ungleich lange, linksbündige Zeilen. Im Prinzip mit dem → Flattersatz identisch, aber nicht so stark ausfransend.

Rechtsbündig Zeilenfall, bei dem alle Zeilenenden rechts bündig untereinander angeordnet sind, während Zeilenanfänge links flattern.

Satzspiegel Die mit druckenden Elementen bedeckte Fläche einer Seite mit Ausnahme der Kopf- und Fußzeile.

Schriftfamilie Gruppe formal zusammengehörender Schriften mit demselben Namen, die in unterschiedlichen → Schriftschnitten unterteilt ist.

Schriftlinie Eine waagerechte gedachte Linie auf der die Buchstaben stehen.

Schriftschnitt Alle Größen einer Schrift innerhalb ihrer Unterklasse (normal, fett, halbfett, kursiv).

Serifen Endstriche von Buchstaben.

Serifenlose Schriften Schrift mit linearem Strich, die keine → Serifen aufweisen.

Versalien Großbuchstaben einer Schrift.

Zeilenabstand Abstand zweier untereinanderstehender → Schriftlinien.

Zeilenfall Art und Weise, in der die Zeilenanfänge und -enden untereinanderstehen.

2 Grundlegende Aspekte der Aufgabenstellung

2.1 Fachliche Einordnung

Die vorliegende Arbeit entstand im Zusammenhang mit der Erstellung eines EDV-Handbuches für die Software CTI leancom 4.0 als Diplomarbeit im achten Semester an der Fachhochschule Leipzig der Deutschen Telekom AG. Dabei handelt es sich um eine Arbeit im Bereich Technische Dokumentation.

Ein EDV-Handbuch läßt sich im weitesten Sinne als Gebrauchsanleitung bezeichnen. Jedoch existieren hier einige Besonderheiten, die es zu beachten gilt. Diese Arbeit wird sich daher mit dem Erstellen von Gebrauchsanleitungen unter besonderer Berücksichtigung der Anforderungen an ein EDV-Handbuch beschäftigen.

Dargestellt wird dies anhand der einzelnen zeitlich hintereinander angeordneten Phasen im Prozeß der Dokumentationserstellung. Am Ende wird kein allgemeingültiger Ablaufplan stehen, sondern eine speziell auf diese eine Aufgabenstellung ausgerichtete Dokumentation.

Eine weitere Teilaufgabe der Diplomarbeit bestand darin, ein Konzept zur automatischen Generierung von HTML- und Windows-Hilfe-Dateien aus Microsoft-Winword-Dokumenten zu erstellen. Aufgrund des Umfanges der zu erstellenden Anleitung, die drei Handbücher umfaßt, wurde im Einvernehmen mit der Firma CTI GmbH auf die Realisierung dieser Teilaufgabe verzichtet.

2.2 Dokumentation als Marketinginstrument

Lange Zeit wurden Gebrauchsanleitungen und damit Dokumentationen in den Unternehmen eher als zweitrangig betrachtet. Heute besitzt die Dokumentation jedoch einen nicht zu unterschätzenden Stellenwert in einem modernen Unternehmen. Als wesentlicher Bestandteil der Unternehmenskommunikation ist sie Ausdruck der Verbundenheit mit den Kunden geworden, vermittelt das Corporate Design und ist wichtiges Marketinginstrument.

In den Richtlinien für das Corporate Design wird festgelegt, wie eine einheitliche Firmenkommunikation aussehen soll. Diese Regeln sind vor allem für sehr große, möglicherweise weltweit agierende Unternehmen von Bedeutung, um einen einheitlichen Auftritt in der Öffentlichkeit zu garantieren. Für die mittelständige Firma CTI GmbH existieren keine Vorgaben für das Corporate Design, die das Handbuch erfüllen muß. Viel wichtiger ist in diesem Fall die Funktion des Handbuches als Marketinginstrument.

In vielen Konsum- und Investitionsgütermärkten werden Produkte, Komponenten, Maschinen und Anlagen verschiedener Anbieter Schritt für Schritt ähnlicher. Sowohl deren technische Leistungsfähigkeit als auch ihre technisch-funktionale Qualität nähern sich einander an. Das Gleiche gilt natürlich ebenfalls für den Markt der Zeiterfassungssoftware, auf dem das Produkt leancom 4.0 der CTI GmbH angesiedelt ist. Mit einem neuen Handbuch will die Firma sich dabei einen relativen Konkurrenzvorteil verschaffen.

Die Hauptleistung, in diesem Fall die Software, wird durch eine gute Dokumentation vervollständigt. Es ergibt sich ein verändertes Gesamtangebot. Bietet der Konkurrent nun ähnliche Kernleistungen, jedoch eine weniger gute Dokumentation, so ist die Basis für einen Wettbewerbsvorteil gelegt.

Dem Wunsch der CTI GmbH entsprechend, soll das neue Handbuch als Informationsdokumentation vor dem Kauf an potentielle Kunden verschickt werden. Es übernimmt in diesem Fall vollständig die Rolle einer Werbeschrift. Aus Marketingsicht ist es daher besonders wichtig, die für den Kunden beim Kauf relevanten Merkmale hervorzuheben.

Die optische Gestaltung des Handbuches bestimmt beim potentiellen Kunden den ersten Eindruck, denn er hat in der Informationsphase meist den direkten Vergleich zu den Handbüchern der anderen Hersteller. Daher muß sich die Gestaltung auf den ersten Blick von den Konkurrenzprodukten abheben.

2.3 Interne und externe Rahmenbedingungen

Die Arbeit erfolgte in Form einer Projektarbeit, da diese Vorgehenswei-
se für eine effektive Teamarbeit prädestiniert ist. Eine erfolgreiche Projektarbeit wird von einige Rahmenbedingungen – externen und internen – geprägt, die die Arbeit beeinflussen.

Zu den externen Rahmenbedingungen zählten die Auflagen, die zu
erfüllen waren. Dazu gehörte grundsätzlich die Notwendigkeit der Bil-
dung eines Teams, bedingt durch den Umfang der Aufgabenstellung.
Eine weitere – wahrscheinlich die wichtigste Auflage – war der Abgabe-
termin 03.06.1997. Darauf aufbauend ließ sich der Zeitplan für die
Projektarbeit und der Redaktionsschluß für das Handbuch erarbeiten.

Eine der wichtigsten internen Rahmenbedingungen für die Projekt-
gruppe war die Aufteilung der Arbeiten. Für ein relativ kleines Projektteam, wie in diesem Fall, war das Aufteilen der Arbeiten nicht ganz so
schwierig.

Die Aufteilung der Arbeiten für das Handbuch und die theoretische
Abhandlung erfolgte folgendermaßen:

Heiko Schröder	**Peter Teich**
Erstellen der Screenshots	Gestalten des Layouts
Texterfassung im ASCII-Format	Erstellen der Makros
Gestalten der Visualisierungen	Gestalten der Schriftart

Benutzerhandbuch

Kapitel 3, 4, 6	Kapitel 1, 2
Abschnitte 5.1, 7.1-7.8	Abschnitte 5.2-5.4, 7.9, 7.10 Checklisten

Systemhandbuch & Installationshandbuch

Texterfassung im ASCII-Format	Umsetzen der Texte ins Layout

theoretische Abhandlung

Abschnitte 1, 2.3, 3.1-3.5, 4.1,
4.2, 4.4, 5.2, 5.3,
6

Abschnitte 2.1, 2.2, 3.6, 3.7, 4.3,
4.4, 5.1, 6, 7

allgemein: Umsetzen des Textes
mit Beispielen in das Layout

Je mehr Informationen zu verarbeiten sind, um so komplexere Aufgaben ergeben sich für die Mitglieder des Teams. Darin resultiert eine ressortübergreifende Zusammenarbeit, die nicht vollständig getrennt werden kann, wie auch in diesem Fall.

Für die Dauer der Diplomarbeit bildete sich ein temporäres Projektmanagement. Dies bedeutet, die Zusammenarbeit dauert nur solange, wie das Projekt (die Diplomarbeit) lief. Danach erfolgte die Auflösung der Projektorganisation.

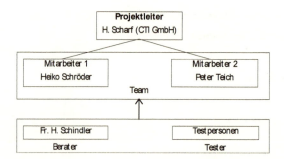

Dem Projektleiter Herrn H. Scharf oblag dabei die Kontrolle des Projektablaufes. Er hatte keine Weisungsmöglichkeit und nur beschränkte Reaktionsmöglichkeiten, da er keine Entscheidungen fällen konnte.

Nicht unmittelbar in das Projektteam integriert waren Berater und Testpersonen. Als Ansprechpartner fungierte Frau H. Schindler. Sie erfüllte beratende Funktionen, besaß jedoch keine Möglichkeiten des Eingreifens während der Erstellung des Handbuches.

Der Mitarbeitereinsatz während der Projektphase war hoch. Es erfolgte daher eine Freistellung von anderen Aufgaben.

3 Erstellen technischer Dokumentationen

Der wichtigste Grundsatz beim Erstellen technischer Dokumentationen ist die Verständlichkeit. Um diese zu erreichen, existieren eine Reihe von Regeln, die sowohl den Text als solchen betreffen als auch die typographische Gestaltung und Anordnung der Texte und Bilder.

Beim Lesen und Analysieren der Texte wird jeder Satz unbewußt vom Leser in Grundeinheiten zerlegt, um den Bedeutungsinhalt zu ermitteln. Um diese Analyse zu beschleunigen, ist es wichtig, daß die Grundeinheiten gut sichtbar sind. Es ist nun Aufgabe der Typographie, in der technischen Dokumentation diesen Prozeß zu unterstützen. Im folgenden sollen Hinweise bezüglich Typographie und Textgestaltung bei der technischen Dokumentation gegeben werden.

3.1 Die Schrift

Der Einfluß der mikrotypographischen Merkmale auf die Verständlichkeit eines Textes auf den Leser ist vielfach untersucht worden. Die wichtigsten Einflußgrößen für die Erkennbarkeit und Lesbarkeit eines Textes sind Schrifttyp, Schriftgrad, Schriftschnitt und deren Farbe (vgl. /1/).

Die Schrift muß in ihrer Gesamtheit gesehen werden. Sie soll sich in ihrer Gestaltung nach der gewollten Aussage richten, und ist nicht zu isolieren. Die Bedeutung der Schrift, hat sich auch nach der zu vermittelnden Information zu richten.

Man muß davon ausgehen, daß die Auswahlkriterien für Bedienungsanleitungen anders sind als zum Beispiel für umfangreiche Prospekte. Schriften sollten daher möglichst schnell und zweifelsfrei erfaßbar sein. Zu den wichtigsten Determinanten der schlechten Lesbarkeit gehören /1/:

– Schrifttyp,

– Schriftschnitt,

– Schriftgrad.

Schrifttyp

Beim Lesen von Gebrauchsanleitungen kommt es kaum auf die Erkennbarkeit einzelner Wörter und Buchstaben an. Die Lesbarkeit der Texte und das schnelle und effiziente Lesen sind wichtige Voraussetzungen für das Verstehen der gedruckten Wortzeichen. Die Lesbarkeit der Schrift wird schlechter, je mehr der Verzerrungstyp wechselt.

Beim Lesen stellt man sich schnell auf einen bestimmten Schrift- oder Verzerrungstyp ein und hat danach geringe Schwierigkeiten beim Erkennen der Typen.

Untersuchungen haben gezeigt, daß sich das optische System bereits nach Aufnahme der ersten 2-3 Symbole auf einen bestimmten Typ einstellt (vgl. /2/).

Viele Firmen verwenden sogenannte „Hausschriften". Sie benutzen einen einheitlichen Schrifttyp für alle Drucksachen der Firma. Dadurch wird die Einheitlichkeit der Informationsgestaltung verbessert.

Als Beispiel sei die Firma AEG angeführt. Unter dem Punkt „Die Schrift" ihrer Richtlinien für die visuelle Gestaltung von Werbe-, Informations- und hausinternen Schriften schreibt sie sinngemäß: Hausschrift ist die Helvetica in den Grundschriften „Helvetica leicht" oder „normal". Für Auszeichnungen kommen die Schriftschnitte „halbfett" und „fett" hinzu (vgl. /3/).

Bei konsequenter Anwendung wird die Firma mit einem bestimmten Schrifttyp identifiziert, da dieser ein Teil des einheitlichen Firmenbildes ist.

Schriftschnitt

Diverse Untersuchungen haben ergeben, daß Fließtexte mit fettem Schnitt schwerer zu lesen sind als mit normalem oder halbfettem Schnitt.

Demzufolge ist für Fließtexte ein normaler Schriftschnitt anzuwenden. Fette oder kursive Schnitte dienen zur Auszeichnung von Schriftteilen und sollten nur für besondere Hervorhebungen angewendet werden.

Schriftgrad

Die Lesbarkeit von Schriften hängt nicht zuletzt von dem Schriftgrad, also der Größe der Schrift ab. Die optimale Größe wird von verschiedenen Faktoren bestimmt:

- Betrachtungsabstand,
- Schriftschnitt,
- Informationsträger,
- Verwendungszweck.

Bei der Betrachtung eines geeigneten Schriftgrades für Gebrauchsanleitungen kann man von einem normalen Leseabstand ausgehen. Das bedeutet einen ungefähren Abstand des Lesers zum Gedruckten von ca. 30 cm.

Das übliche Format wird DIN A4 nicht überschreiten. Geht man von einem normalem Schriftschnitt aus, so sind für die einzelnen Seitenformate folgende Schriftgrade nicht zu unterschreiten:

	nach /1/	nach /4/
DIN A4	10 pt	9-13 pt
DIN A5	8 pt	8-11 pt
	(7pt bei stärkerem	
	Zeilenabstand)	

Wenn von Schriftgrößen die Rede ist, so sind auch Maße zu nennen, mit denen deren Größe bestimmt werden kann: Man unterscheidet zwischen den Maßeinheiten Millimeter, typographischer Punkt (Didot-Punkt) und Pica-Point. Laut Rechtsverordnung der EG zum Meßwesen wurde festgelegt, daß ab 1. Januar 1978 nur noch das metrische Maß verwendet werden darf. Das galt auch für die Druckindustrie, die nach dem typographischen Maßsystem arbeitete. An diese Entscheidung hat sich allerdings niemand wirklich gehalten, so daß auch heute noch nach dem typographischen Maßsystem gearbeitet wird:

1 Didot-Punkt = 0,375 mm,

1 Pica-Point = 0,351 mm.

3.2 Die Textverteilung

Unter einer Textverteilung soll die Aufteilung des Textes auf dem Informationsträger verstanden werden. Übersichtlichkeit und Lesbarkeit eines Textes hängen von dem richtigen Verhältnis zwischen bedrucktem und unbedrucktem Raum ab. Folgende Kriterien können dabei unterschieden werden:

- Zeilenlänge,

- Zeilenabstand (Durchschuß),

- Zeilenart (Block-, Flatter-, Rauhsatz, Mittelachsensatz).

Zeilenlänge

Die falsche Zeilenlänge kann sich negativ auf die Verständlichkeit eines Textes auswirken, denn dadurch wird die Lesbarkeit erschwert.

Zu lange Zeilen erschweren das Lesen, da das Auge bei einem Zeilenumbruch einen größeren Weg zurückzulegen hat, um den Anfang der nächsten Zeile zu erfassen.

Zu kleine Zeilen ergeben zu viele Trennungen der Wörter. Dadurch sind sie ebenfalls schlecht zu lesen. Die Länge einer Zeile ist aber auch abhängig von dem verwendeten Schriftgrad. „Je größer der Schriftgrad, um so breiter kann die Zeilenbreite gewählt werden." /4/

In einer Zeile sollen daher nicht mehr als 55-60 Zeichen stehen, wobei Wortzwischenräume mitgezählt werden. /4/

Bei mehreren Spalten kann die Zeilenlänge verkleinert werden. Jedoch sollte man beachten, daß die Länge 25 Zeichen nicht unterschreitet. Bei einem Blocksatz ist sogar eine Mindestlänge von 35 Zeichen einzuhalten, da sonst die Wortabstände völlig abweichen und meist zu groß sind.

Daher gilt:

einspaltiger Blocksatz	55-60 Zeichen
mehrspaltiger Blocksatz	>=35 Zeichen
Flattersatz	<35 Zeichen

Die untere Grenze der Zeichen pro Zeile im Blocksatz liegt bei etwa 35 Zeichen, die obere bei 60. Bei Zeileninhalten unter 35 Zeichen sollte Flattersatz verwendet werden.

Zeilenabstand

Der Zeilenabstand ist die Distanz zwischen der Unterkante der Vorzeile bis zur Oberkante der Folgezeile. Diese Distanz wird auch Durchschuß genannt. /4/

Generell lassen sich keine allgemeinen Aussagen machen, wie groß der Zeilenabstand sein soll. Neben dem Schriftgrad sind auch andere typographische Variablen – wie beispielsweise der Schriftschnitt – von Bedeutung. All dies beeinflußt den geeigneten Durchschuß. /1/

Grundsätzlich gilt aber: Die Auswahl des richtigen Zeilenabstandes steht in engem Zusammenhang mit dem optischen Erscheinungsbild eines Textes. Der Grauwert eines Textes sollte einheitlich sein. Ein optisches Phänomen ist hierbei auch der Zusammenhang zwischen Zeilenbreite und Zeilenabstand. Je größer die Zeilenlänge ist, desto kleiner wirken die Abstände der Zeilen. Ist sie kleiner, so wirkt der Abstand größer.

„Deshalb gilt auch: Je größer die Zeilenbreite, um so größer muß der Zeilenabstand eingerichtet werden." /4/

Zeilenart

Beim Ausschließen können Texte entweder auf Zeilenbreite (Blocksatz), zur Mitte (Mittelachsensatz) sowie nach links oder rechts (Flattersatz) ausgerichtet werden.

Blocksatz

Als Blocksatz bezeichnet man Texte, die auf die gesamte eingestellte Zeilenbreite ausgeschlossen werden. Das heißt, Zeilen werden links- und rechtsbündig ausgerichtet und die Wortzwischenräume variieren. Diese Zwischenräume verlaufen jedoch in einem Text nicht konstant, so daß es zu sogenannten „weißen Löchern" im Fließtext kommen kann. Das macht sich um so mehr bemerkbar, je weniger Zeichen sich in einer Zeile befinden.

Jedoch besitzt der Blocksatz einen wesentlichen Vorteil gegenüber den anderen Ausrichtungsarten: Er vermittelt aufgrund seines geschlossenen Satzbildes Ruhe und Ausgeglichenheit beim Lesen. /4/

Blocksatz besitzt einen Nachteil: Die Wortzwischenräume sind nicht konstant. Das macht sich um so mehr bemerkbar, je weniger Wörter sich in der Zeile befinden.

Ungeachtet dieser Tatsache soll aber auch der wesentliche Vorteil erwähnt werden: Blocksatz vermittelt trotz unterschiedlicher Wortzwischenräume durch das in sich geschlossen wirkende Satzbild Ruhe und Ausgeglichenheit beim Lesen, wirkt sich also beim Lesevorgang positiv aus.

– Bild 1: Blocksatz ohne Randausgleich. –

Bei Zeileninhalten ab 35 Zeichen besteht keine Veranlassung vom Blocksatz abzuweichen, vor allen Dingen nicht bei Mengentexten. Es sollte aber gewährleistet sein, daß der durchschnittliche Wortzwischenraum etwa der Größe eines Drittelgevierts entspricht, also etwa der Breite eines „i". /4/

Blocksatz wirkt besonders formvollendet, wenn er mit Randausgleich gesetzt wird. Somit wird er höchsten typographischen Ansprüchen gerecht. Bei einer solchen Ausrichtung des Textes werden lückenreißende Zeichen, wie das Komma, der Punkt und das Divis an der rechten Satzspiegelbegrenzung herausgestellt. Damit wird eine „optische Senkrechte" erreicht (vgl. /4/). Das Satzbild wird erheblich ruhiger und in sich geschlossener.

„Blocksatz mit Randausgleich hat übrigens bereits Gutenberg in seiner 42zeiligen Bibel angewandt." /4/

Flattersatz

Der Flattersatz ist ein Text, der nur auf einer Seite an einer gedachten Linie ausgerichtet ist und auf der anderen Seite unterschiedlich lang laufende Zeilenränder aufweist. Hier gibt es die Möglichkeiten eines linksbündigen und rechtsbündigen Flattersatzes.

Dies ist ein linksbündiger Flattersatz. Wie deutlich nachzuvollziehen ist, strahlt Flattersatz auf dieser Zeilenbreite trotz gleichmäßiger Wortzwischenräume eher Unruhe aus. Dieser Effekt macht sich um so mehr bemerkbar, je mehr Zeilen untereinander stehen.

Dies ist ein rechtsbündiger Flattersatz. Wie deutlich nachzuvollziehen ist, strahlt Flattersatz auf dieser Zeilenbreite trotz gleichmäßiger Wortzwischenräume eher Unruhe aus. Dieser Effekt macht sich um so mehr bemerkbar, je mehr Zeilen untereinander stehen.

– Bild 2: Linksbündiger (oben) und rechtsbündiger (unten) Flattersatz. –

Im Unterschied zum Blocksatz sind die Wortzwischenräume gleich breit. Wird das Flattern des freien Randes begrenzt, so spricht man vom Rauhsatz.

Beim Verwenden des Flattersatzes im Mengentext muß besonders auf die Dynamik geachtet werden. Wenn mehrere Zeilen hintereinander einen treppenförmigen oder fast gleichen Verlauf nehmen, so ist dies als langweilig und völlig ohne Spannung zu bezeichnen. Man muß in diesem Fall den Text nachbearbeiten, um einen dynamischen Zeilenfall zu erreichen.

Entweder man gibt einen Zeilenrhythmus vor, d.h. ein Muster von kurzen und langen Zeilen, oder man richtet eine Flatterzone ein, in der sich der Zeilenrhythmus abspielt.

Der Flattersatz sollte Anwendung finden bei:

– Zeileninhalten unter 35 Zeichen,

– kleineren Textmengen, in Bildtexten sowie Überschriften,

– Aufzählungen.

Mittelachsensatz

Mehrere zur Mitte ausgerichtete Zeilen werden als Mittelachsensatz bezeichnet. Die Zeilen werden zentriert und flattern an beiden Seiten. Die Wortzwischenräume sind konstant.

Auch in diesem Fall ist eine Nachbearbeitung erforderlich, wenn ein langweiliger Zeilenfall auftritt.

Mittelachsensatz ist eine Satzart mit vielen Anwendungsmöglichkeiten. Dabei werden alle Zeilen zur Mitte der eingestellten Zeilenbreite ausgeschlossen; sie werden zentriert und „flattern" an beiden Seiten. Fälschlicherweise wird Mittelachsensatz deshalb oft als Flattersatz zur Mitte bezeichnet, obwohl zwei wichtige Eigenschaften die gleichen sind: Der Zeilenfall soll dynamisch sein, langweilige Treppen sind auf jeden Fall zu vermeiden.

Mittelachsensatz ist eine Satzart
mit vielen Anwendungsmöglichkeiten. Dabei werden alle Zeilen
zur Mitte der eingestellten Zeilenbreite ausgeschlossen;
sie werden zentriert und „flattern" an beiden Seiten.
Fälschlicherweise wird Mittelachsensatz
deshalb oft als Flattersatz zur Mitte bezeichnet,
obwohl zwei wichtige Eigenschaften die gleichen sind:
Der Zeilenfall soll dynamisch sein, langweilige Treppen
sind auf jeden Fall zu vermeiden.

– Bild 3: Mittelachsensatz ohne Dynamik (oben) und mit manueller Nachbearbeitung für dynamischen Zeilenfall (unten). –

Aus gestalterischer Sicht muß bei der Anwendung dieser Textausrichtung beachtet werden, daß neben einem dynamischen Zeilenfall auch eine dynamische Raumaufteilung erfolgen sollte. Darunter versteht man die Verteilung des freien Raumes in vertikaler Richtung zwischen den Zeilen und Textblöcken. Sie sollten in einem guten Verhältnis zu den Druckrändern stehen.

Die Anwendung des Mittelachsensatzes sollte nur erfolgen bei:

– Urkunden, Einladungen,

– Titelseiten von Büchern, Broschüren, Anleitungen,

– Anzeigen und Plakaten.

Für textintensive Drucksachen über mehrere Seiten sollte auf diese Satzart verzichtet werden. Sie führt zur Leseunfreundlichkeit und wirkt verwirrend.

3.3 Gestalten von Überschriften

Schriftart

Überschriften haben eine ganz bestimmte Funktion: Sie sollen auf den ersten Blick über den Inhalt des nachfolgenden Textes informieren. Demzufolge müssen sie wichtige Voraussetzungen erfüllen.

Sie sollen erstens aus lesetechnischer Sicht eine auf den ersten Blick ausgerichtete, übersehbare Textmenge bilden und zweitens aus gestalterischer Sicht den Anspruch der Ästhetik verstärken. /4/

Der gestalterische Gesichtspunkt bedeutet hierbei, daß durch geeignete Schriften und Schriftgrade der optische Eindruck unterstützt werden muß. Bei der Gestaltung der Überschriften sind dabei folgende Punkte zu beachten:

– größerer Schriftgrad der verwendeten Grundschrift,

– größerer Schriftgrad mit anderem Schnitt der Grundschrift,

– größerer Schriftgrad einer anderen Schriftart.

Überschrift

Dies ist ein Blindtext, der nur zur anschaulichen Darstellung benutzt wird. Er enthält keine sinnvollen Informationen. Dies ist ein Blindtext, der nur zur anschaulichen Darstellung benutzt wird. Er enthält keine sinnvollen Informationen. Dies ist ein Blindtext, der nur zur anschaulichen Darstellung benutzt wird. Er enthält keine sinnvollen Informationen.

"ehuxfkuiw

Dies ist ein Blindtext, der nur zur anschaulichen Darstellung benutzt wird. Er enthält keine sinnvollen Informationen. Dies ist ein Blindtext, der nur zur anschaulichen Darstellung benutzt wird. Er enthält keine sinnvollen Informationen. Dies ist ein Blindtext, der nur zur anschaulichen Darstellung benutzt wird. Er enthält keine sinnvollen Informationen.

– Bild 4: Überschrift mit größerem Schriftgrad und anderem Schriftschnitt als die Grundschrift (oben) und nur anderem Schriftschnitt (unten). –

Ausrichtung

Grundsätzlich ist erst einmal festzulegen, ob die Überschrift linksbündig, mittig oder rechtsbündig zum Fließtext stehen soll.

Hier gilt generell (vgl. /4/):

Fließtext	Überschrift
Blocksatz	links-, rechtsbündig, mittig
linksbündiger Flattersatz	linksbündig
rechtsbündiger Flattersatz	rechtsbündig

Überschrift

Dies ist ein Blindtext, der nur zur anschaulichen Darstellung benutzt wird. Er enthält keine sinnvollen Informationen. Dies ist ein Blindtext, der nur zur anschaulichen Darstellung benutzt wird. Er enthält keine sinnvollen Informationen. Dies ist ein Blindtext, der nur zur anschaulichen Darstellung benutzt wird. Er enthält keine sinnvollen Informationen.

Überschrift

Dies ist ein Blindtext, der nur zur anschaulichen Darstellung benutzt wird. Er enthält keine sinnvollen Informationen. Dies ist ein Blindtext, der nur zur anschaulichen Darstellung benutzt wird. Er enthält keine sinnvollen Informationen. Dies ist ein Blindtext, der nur zur anschaulichen Darstellung benutzt wird. Er enthält keine sinnvollen Informationen.

– Bild 5: Beispiele für die korrekte Ausrichtung von Überschriften. –

Größe und Plazierung

Grundsätzlich gibt es hier keine festen Regeln. Die Größe der Überschrift ist sowohl vom Zweck als auch vom verwendeten Seitenformat abhängig.

In schöngeistigen Büchern wird die Überschrift z.B. zwei bis drei Schriftgrade größer als die Grundschrift gestaltet. In Zeitungen und Zeitschriften sind die Schriftgrade sogar noch größer, weil meistens in diesen Objekten eine Staffelung der Wichtigkeit den Schriftgrößen angepaßt wird. Kurz gesagt: Je wichtiger der Artikel, desto größer die Überschrift. Das gilt auch für den Bereich der technischen Dokumentation.

In einem Handbuch sind durchschnittlich drei Kategorien von Überschriften zur Gliederung des textlichen Inhaltes vorhanden: die Haupt-, Unter- und Zwischenüberschriften.

In der Praxis hat sich folgendes Größenverhältnis der Überschriften bewährt: /4/

Größe 1 : Größe 2 : Größe 3 : Text = 20 : 12 : 9 : 8.

Hiermit wird schon angedeutet, daß sich die Schriftgrade klar unterscheiden müssen, um die Gliederung des Textes zu verdeutlichen.

Im Zusammenspiel mit der Schriftgröße ist der Raum, in dem eine Überschrift plaziert wird sowie der Abstand von der Überschrift zum Text, ein wichtiges Gestaltungsmerkmal. Eine aussagekräftige Überschrift kommt nicht zur Geltung, wenn sie „am Text klebt". Der Raum über der Überschrift muß größer sein als der freie Raum zwischen Überschrift und Text. Dies wird dadurch bestimmt, daß die Überschrift immer ein Bestandteil des nachfolgenden Textes ist.

Als Faustregel gilt hierbei: Eine Leerzeile der Grundschrift über und eine halbe Zeile unter der im Text stehenden Überschrift. /4/

Diese Regel variiert jedoch durch die Kategorien der Überschriften. Das heißt, je höher die Gliederung, desto größer der Abstand.

3.4 Texthervorhebungen

Häufig müssen einzelne Wörter, Satzteile oder Hinweise (Warnungen, Gefahren) aus dem laufenden Text hervorgehoben werden. Einige Hervorhebungen erschweren jedoch die Lesbarkeit eines Textes und können den Leser verwirren. Dieses trifft besonders zu, wenn das Hervorheben einzelner Textpassagen nicht treffend vorgenommen wird (es wurde Falsches, zu wenig oder zu viel hervorgehoben).

Folgende Möglichkeiten bieten sich an:

– Schriftwechsel,

– Farbe der Schrift,

– Unterstreichen.

Allgemein besteht die Gefahr, daß alle Mittel des Hervorhebens bei einer häufigen Verwendung die Funktion als besonderes Merkmal eines Textes nicht mehr erfüllen können. Deshalb gilt: Weniger ist mehr.

Schriftwechsel

Durch das Ändern einer Schrift lassen sich einzelne Passagen des Textes hervorheben.

So z.B. durch:

– Ändern des Schriftgrades (größere Schrift),

– Ändern des Schriftschnittes (**fett**, **halbfett**, *kursiv*),

– Verwenden von VERSALIEN (Großbuchstaben),

– Anwenden von KAPITÄLCHEN.

Zum Hervorheben wichtiger Textteile bei Gebrauchsanleitungen werden überwiegend fette oder kursive Schriftschnitte verwendet. Untersuchungen haben ergeben, daß fettgedruckte Buchstaben nur bei kurzen Texten gut lesbar sind. Um ganze Textblöcke oder Absätze hervorzuheben, sollte man dieses Verfahren nicht wählen (vgl. /1/).

Eine Änderung des Schrifttyps ist wegen der schlechten Lesbarkeit als Mittel der Hervorhebung problematisch. Eine Verwendung von Versalien bringt Probleme bei der schnellen Verständlichkeit mit sich. „Längere Versalien sind nur langsam zu lesen." /1/

Farbe der Schrift

Farbige Auszeichnungen von Wörtern innerhalb eines schwarzen Textes sind gut erkennbar. Die Farbe besitzt auch eine erhöhte Wirkung beim Erzielen von Aufmerksamkeit. So können z.B. Gefahrenhinweise rot hervorgehoben werden – Informationswirkung der Farbe.

Jedoch ist diese Art der Hervorhebung abhängig vom endgültigen Ausdruck. D.h. bei einem Graustufen-Druck sind farbige Auszeichnungen nicht möglich.

Unterstreichen

Wörter und Satzteile lassen sich im laufenden Text durch das Unterstreichen hervorheben.

Dies ist ein einfaches Mittel, das keine großen typographischen Probleme aufwirft. Wichtig ist dabei nur, daß die Unterlängen von Buchstaben, wie dem „g", nicht durchgestrichen werden.

Eine Gefahr der Verwechslung besteht jedoch, wenn auch Überschriften unterstrichen werden. Das heißt, wenn das Unterstreichen als Hervorhebung mehrerer Tatbestände verwendet wird.

3.5 Bilder

Neben dem Text sollen auch Bilder optimal gestaltet werden. Sie sollen das Lesen und Lernen durch motivierende Erfolgserlebnisse unterstützen. Sie sind somit ein wirkungsvoller Weg, unübersichtliche Langtexte aufzulockern und Informationen schneller zugänglich zu machen.

Bilder sollen Gegenstände, Sachverhalte, Zusammenhänge der Wirklichkeit darstellen und dafür sorgen, daß diese vom Betrachter wiedererkannt werden. Gerade dieser Aspekt spielt in der technischen Dokumentation eine bedeutende Rolle.

In einer technischen Dokumentation können Bilder in verschiedenen Rollen auftauchen und jeweils andere Ziele verfolgen. Eine mögliche Gliederung ist zum Beispiel nach /1/:

- Abbildungen (realistisch oder stilisiert),
- symbolische Zeichen (Diagramme, Kurvenverläufe),
- Piktogramme (Hinweiszeichen, Markenzeichen).

Werden Bilder optimal eingesetzt, lassen sich Vorteile für die Verständlichkeit ausnutzen die ein Text oft nicht erreichen kann.

.

3.6 Gestalten von EDV-Handbüchern

Gegenüber technischen Dokumentationen in anderen Wirtschaftsbereichen, resultieren aus der Charakteristik von Softwareprodukten spezifische Anforderungen an die Dokumentation im EDV-Bereich. Diese sind im wesentlichen darin begründet, daß Software ein abstraktes Gebilde ist. Man kann sie weder sehen noch anfassen. Insbesondere sind interne Strukturen nicht einfach sichtbar.

Gerade ein so umfangreiches und komplexes Softwareprodukt wie „leancom 4.0", ist für den Anwender schwer verständlich und stellt hohe Anforderungen an die technische Dokumentation, in diesem Fall das zu erstellende Handbuch.

Das Erstellen eines EDV-Handbuches erfolgt meist Hand in Hand mit der eigentlichen Softwareerstellung. Das bringt zwar häufig Probleme mit sich, z.B. wenn Programmfunktionen erläutert werden sollen, die noch nicht programmiert wurden. Jedoch hat der technische Redakteur dabei auch die einmalige Chance, eigene Ideen einzubringen, z.B. in die Gestaltung der Benutzeroberfläche. Damit können Verständnisprobleme der Anwender schon im Ansatz vermieden werden, ohne im Handbuch darauf eingehen zu müssen. Oft findet der technische Redakteur, da er sich intensiv mit der Software beschäftigt, auch Programmfehler und hilft, dem späteren Anwender ein ausgereiftes Produkt zu verkaufen. Auf diese Weise verlief auch die Zusammenarbeit mit der Firma CTI GmbH, die eine beträchtliche Anzahl Ideen und Fehlerbeseitigungen für „leancom 4.0" zur Folge hatte.

Am Anfang des Erarbeitens eines EDV-Handbuches steht als Grundgerüst ein Handbuchkonzept. Dabei müssen die Anforderungen sowohl aus der Zielgruppenanalyse als auch der Produktdefinition berücksichtigt und auf gestaltungsfähige Merkmale eines Handbuches (Inhalt, Gliederung und Darstellungstechnik) abgebildet werden.

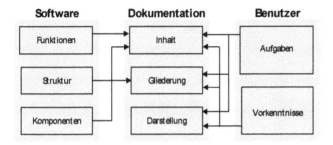

Für ein EDV-Handbuch kommen zwei wesentliche Gliederungsprinzipien zum tragen, die entweder einzeln oder gemeinsam verwirklicht werden können (vgl. /6/):

– Produktbezogene Gliederung

   Was leistet das Produkt? Der Aufbau des beschriebenen Softwareproduktes bestimmt die Anordnung der Beschreibungen im Handbuch. Funktionen und Bestandteile des Produktes werden unter dem Gesichtspunkt der Produktleistung und Funktionalität beschrieben.

– Aufgabenbezogene Gliederung

   Was muß ich tun, um bestimmte Ziele mit dem Produkt zu erreichen? Die Gliederung orientiert sich an den Aufgaben, die mit dem Produkt bearbeitet werden sollen. Die Anordnung entspricht den Arbeitsabläufen. Produktfunktionen werden in der Reihenfolge und in dem Umfang beschrieben, wie sie für bestimmte Aufgaben benötigt werden.

Ein EDV-Handbuch ist vom Grundtyp her eine typische Lernanleitung. Der Anwender arbeitet sie Schritt für Schritt durch, um die Software verstehen und anwenden zu lernen. Gleichfalls ist bei umfangreichen Softwareprodukten auch ein hoher Bedarf an Nachschlage-Informationen vorhanden. Der Anwender muß also durch geeignete Systeme (Indexverzeichnis, gegliedertes Inhaltsverzeichnis, übersichtlicher Aufbau) beim schnellen Auffinden von Informationen unterstützt werden.

4 Entwurf und Konzeption

4.1 Analyse des vorhandenen Handbuches

Grundlage für das Erstellen des neuen Handbuches für die Software „leancom 4.0" der Firma CTI GmbH ist das bereits vorhandene zu der Vorgängerversion, der Software „leancom 3.0". Eine Analyse brachte Ansätze zur Verbesserung und grundlegende Fehler zum Vorschein.

Das Handbuch wurde bisher in einem Heft ausgeliefert und teilte sich in drei abgetrennte Einzelhandbücher:

1. „Benutzerhandbuch" – enthält die Software-Einrichtung und - Bedienung.

2. „Systemhandbuch" – enthält die Installation der Software für die Terminals und deren Bedienung.

3. „Technische Gerätedokumentation" – enthält die Montage und Installation der Terminals.

Die Analyse des Handbuches ergab folgende Punkte:

Schrift

Schrifttyp	Da in der Firma CTI keine hauseigene Schrift benutzt wird, wurde auf die überall vorhandene, serifenlose Schrift „Arial" zurückgegriffen.
Schriftschnitt	normal für Mengentext;
Schriftgrad	12 pt

Textverteilung

Zeilenlänge   13 cm = 60-65 Zeichen

Zeilenabstand   normal (14pt)

Zeilenart   Im Mengentext Blocksatz ohne Randausgleich,

manchmal sogar erzwungen.

Auf Titelseiten ist eine Mischung von Mittelachsensatz

und linksbündigem Flattersatz zu verzeichnen.

Überschriften

Größe   3 Ebenen in verschiedene Größen;

Schriftart   ein Schriftschnitt des Grundtextes (halbfett);

Ausrichtung   linksbündig zum Editierrand;

Plazierung   unterschiedlich; Abstand zum nachfolgenden Text

ohne Proportionen zum vorigen;

Texthervorhebungen

Schriftwechsel   Alle Texte wurden in der Schriftart „Arial" gesetzt.

Auszeichnungen erfolgten durch einen halbfetten

Schriftschnitt.

Textfarbe   durchgängig schwarz;

Unterstreichung   keine;

Die Analyse des vorhandenen Handbuches ergab eine Anzahl von Mängel in bezug auf typographische Richtlinien. Aus diesen Ergebnissen konnten Forderungen und Grundsätze für das Erstellen des neuen Handbuches erarbeitet werden. So mußte z.B. ein vollständig neues Layout entwickelt werden, um die Verständlichkeit und Übersichtlichkeit einer benutzerfreundlichen technischen Dokumentation zu erhalten.

4.2 Zielgruppenanalyse

Informationen müssen den Empfängern angepaßt und entsprechend gestaltet sein, um richtig verstanden werden zu können. Ist eine Information an einen bestimmten Empfängerkreis gerichtet, müssen Eigenschaften, Merkmale, Einstellungen und Vorinformationen dieser Zielgruppe erkannt werden und bei der Gestaltung berücksichtigt werden.

Voraussetzung dafür ist eine genaue Kenntnis der Zielgruppe und deren Informationsbedarf. Um diese Kenntnisse zu erlangen, steht am Beginn jeder technischen Dokumentation eine systematische Zielgruppenanalyse. Ein geeigneter Stufenplan zur methodischen Analyse der Zielgruppe könnte folgendermaßen aussehen /6/:

1. Hypothesen zu Benutzergruppen aufstellen,

2. Empirische Daten zu den Benutzergruppen ermitteln,

3. Zielgruppenprofile der Benutzergruppen erstellen,

4. Informationsverhalten der Benutzergruppen analysieren, qualitativen und quantitativen Informationsbedarf für die Zielgruppenprofile ermitteln,

5. Dokumentationsprofile ermitteln,

6. Dokumentationssysteme bestimmen.

Aus diesen sehr umfangreichen und zeitintensiven Vorarbeiten lassen sich Informationen gewinnen, die wichtige Fragen im Zusammenhang mit der Dokumentationserstellung beantworten können.

Für wen wird die Druckschrift erstellt?

Es lassen sich zwei wesentliche Zielgruppen unterscheiden.

– Anwender, die im Gebrauch und der Bedienung des Produktes ungeübt sind (Erstanwender).

– Anwender, die dieses oder ähnliche Produkte kennen und sich mit der Bedienung und dem Gebrauch allgemein auskennen (Fortgeschrittene, Profis).

Nach Gesprächen mit dem Projektleiter Herrn Scharf wurde klar, daß der größte Teil der Zielgruppe aus Sekretärinnen besteht. Sie besitzen nur selten eine Ausbildung als Zeiterfassungsbeauftragte, jedoch kann von einer grundlegenden Kenntnis der EDV, insbesondere der üblichen Software und Benutzeroberflächen, ausgegangen werden.

Welcher Wissensstand kann vorausgesetzt werden?

Es gibt Anwender früherer Versionen der Zeiterfassungssoftware, bei denen sowohl ein Grundwissen auf dem Gebiet der Zeiterfassung vorhanden ist als auch Kenntnis in der Bedienung des Programmes vorliegt.

Aufgrund dieser Vorgaben kann kein oder nur ein sehr geringer Wissensstand auf dem Gebiet der Zeiterfassung vorausgesetzt werden. Dies betrifft vor allen Dingen die Erstanwender. Im Bereich der Computeranwendung kann man jedoch von einem Grundwissen ausgehen.

Branchenübliche Fachausdrücke?

Eine Zweiteilung der Anleitung für Laien und Profis ist aus Kostengründen seitens der Firma CTI GmbH von Beginn an nicht in Betracht gezogen worden. Somit durften spezielle Fachausdrücke der Zeiterfassung nur selten in der Anleitung auftreten.

Eine Vereinfachung der Fachausdrücke ist aber in vielen Fällen nicht möglich. Deshalb ist ein Anteil von Fachausdrücken unumgänglich. Damit aber auch die Laien auf diesem Gebiet mit der Software zurecht-

kommen, ist eine Erklärung der Fachausdrücke in der Anleitung anhand von Beispielen notwendig.

Durch den allgemeinen Wissensstand der Anwender auf dem Gebiet
der Computeranwendung und -bedienung besteht hier nur eine geringe
Notwendigkeit der Erklärung von Begriffen.

Wortwahl und Sprachgebrauch?

Bei der analysierten Zielgruppe mußten keine besonderen Vorgaben in
bezug auf die Wortwahl und den Sprachgebrauch aufgestellt werden,
wie es beispielsweise bei Kindern als Zielgruppe der Fall wäre.

Die Dokumentation erfüllt dennoch die Grundsätze der Textverständ-
lichkeit:

- geläufiges Vokabular,

- übersichtlicher Satzbau,

- eindeutige Textbezüge,

- eindeutige Anleitungen.

4.3 Entwurf eines neuen Handbuches

In Absprache mit der CTI GmbH wurde entschieden, daß das Erstellen des Handbuches mit dem Programm „Microsoft Word" vorzunehmen ist. Dieses Programm wird zum größten Teil in der Firma CTI als Textverarbeitungsprogramm benutzt.

Gleichzeitig sollte damit gewährleistet sein, daß bei kurzfristigen Änderungen der Software eine problemlose Nachbearbeitung der Anleitung durch die Mitarbeiter möglich ist.

„Microsoft Word" ist ein umfangreiches Textverarbeitungsprogramm. Da es ein Standardprogramm im Bereich der Bürokommunikation ist, wird es sehr oft von Firmen benutzt, um die täglich anfallenden Schreibarbeiten zu bewältigen.

Von der Firma CTI GmbH gab es keine konkreten Layoutvorgaben die bei der Gestaltung des Handbuches zu beachten waren. Die Anleitung sollte sich von den zahlreichen Mitanbietern in bezug auf die Gestaltung des Layouts und der Benutzerfreundlichkeit hervorheben. Somit blieb ein großer Spielraum für das Layout der Anleitung erhalten.

Um ein Handbuch nach den typographisch und didaktisch korrekten Vorgaben erstellen zu können, mußte jedoch beim Gestalten des Layouts ein Kompromiß zwischen den eigenen Vorstellungen und den Fähigkeiten des Programmes gefunden werden.

Festlegen der Schrift

Andere Kommilitonen erstellten ebenfalls als Diplomarbeit eine Anleitung für die Firma CTI GmbH. Daher wurde in den ersten Tagen des Diplomarbeitszeitraumes zusammen mit diesen Kommilitonen beschlossen, welche Schrift für die verschiedenen Zwecke in dem Handbuch Verwendung finden soll. Dabei wurde besonders großer Wert darauf gelegt, daß sie sich für Mengentext eignet, d.h. gut lesbar ist. Ebenfalls sollte sich ein Schnitt dieser Schriftart für das Setzen der

Überschriften eignen. Konkret bedeutet dies, daß die Schriftfamilie jeweils einen Schriftschnitt mit und ohne Serifen beinhalten sollte. Die Wahl fiel auf die Schriftfamilie „Goudy", die auch in dieser Abhandlung Verwendung fand.

Daneben fanden zwei extra für dieses Handbuch erstellte Schriftarten Anwendung: eine modifizierte Version der „Keystroke" für Tastatur-Zeichen und die Eigenkreation „CTI-Terminal".

Material und Format

Im folgenden soll die Herangehensweise für die Bestimmung des Formates und des zu verwendenden Materials bei einer Gebrauchsanleitung aufgezeigt werden.

Auf den ersten Blick scheinen Überlegungen auf diesen Gebieten eher zweitrangig zu sein. Tatsächlich sind diese Planungsvorgaben jedoch von entscheidender Bedeutung, wenn man die praktische Verwendbarkeit der Gebrauchsanleitung bzw. des Handbuches beim Anwender betrachtet. Oft sind Anleitungen nur deshalb wenig hilfreich, weil sie unter den beim Anwender herrschenden Umweltbedingungen nicht verwendet werden können. Einfachstes Beispiel ist hierfür eine Anleitung die zwar unter Wasser lesbar sein soll, jedoch auf normalem Papier gedruckt wurde.

Ein Handbuch kann nach dem heutigen Stand der Technik alle nur erdenklichen Formen und Formate annehmen. Es muß also eine Auswahl erfolgen, bevor weitere Planungen vorgenommen werden können. Schließlich ist das Format grundlegende Voraussetzung für viele weitere Planungsvorhaben.

Aus den vorhergehenden Analysen über die Zielgruppe und den voraussichtlichen Einsatzort konnten wichtige Schlußfolgerungen für das Handbuch der Firma CTI GmbH gezogen werden:

– Das Handbuch wird in einem Büro eingesetzt. Es ist daher keinen besonderen Umwelteinflüssen ausgesetzt.

– Die Anwendung erfolgt meist bei gleichzeitigen Ausprobieren der beschriebenen Vorgänge am Computer.

- Ein Einsatz an ständig wechselnden Orten bzw. eine ständiges Mit-
führen des Handbuches ist nicht angedacht.

Diese Analyseergebnisse bestimmen jedoch nicht allein das Erscheinungsbild des Handbuches. Die praktische Ausführbarkeit ist auch von
großer Bedeutung.

Es spielen daher noch weitere Vorgaben von Seiten der auftragge-
benden Firma bzw. die technischen Möglichkeiten an der Fachhochschule Leipzig der Deutschen Telekom AG eine Rolle.

- Das Handbuch soll ohne großen Aufwand gedruckt werden können.

- Ein zu großer Umfang (allein durch das Format begründet) sollte
vermieden werden.

- Die Herstellung sollte so kostengünstig wie möglich sein.

Da im vorliegenden Fall nicht durchführbar, fielen ausgefallene Formate, die nicht DIN-konform sind, von vornherein aus. Zur Wahl standen
nur das handliche Format DIN A5 und das praktisch zu verarbeitende
Format DIN A4.

Beide Formate haben Vor- und Nachteile die eine Entscheidungsfin-
dung erschwerten. Die Wahl fiel dennoch recht schnell auf das Format
DIN A4. Folgende Punkte begünstigten diese Entscheidung:

- Die Anwender wollen im Handbuch etwas nachlesen und es sofort
am Computer ausprobieren. Dazu wird das Handbuch aufgeschlagen abgelegt. Bei einem Handbuch im Format DIN A5 würden sich
die Seiten von selbst umschlagen. Das kann mit jedem handelsüblichen Taschenbuch ausprobiert werden. Um diesen Effekt zu umge-
hen wäre eine besondere Buchrückengestaltung notwendig geworden. Die preiswertere Alternative ist Papier im Format DIN A4.
Durch sein größeres Flächengewicht und durch die geringere Sei-
tenzahl bei gleichbleibendem Inhalt gegenüber dem Format
DIN A5 bleibt das Handbuch so wesentlich leichter aufgeschlagen.

- Papier im Format DIN A4 ist einfach und kostengünstig zu beschaf-
fen. Ein wesentlicher Vorteil für die auftraggebende Firma.

- Ein Handbuch im Format DIN A4 ist auf einem handelsüblichen Drucker sehr unkompliziert auszugeben, da es direkt unterstützt wird.
- Das Handbuch soll später nicht ständig mitgeführt werden. Das große Format stellt also keine Behinderung dar.
- Die Layoutgestaltung kann großzügiger erfolgen, da mehr Platz vorhanden ist. Das kommt der Lesbarkeit für den Anwender zugute.

Layoutgestaltung

Die Aufteilung der beidseitig bedruckten Seiten erfolgte in einem einspaltigen Satzspiegel mit einer außenliegenden Marginalienspalte. Diese Gestaltung des Handbuches hat sich vielfach im Bereich der EDV-Dokumentation bewährt.

In der Marginalienspalte können kleine Grafiken, Symbole und Stichworte zum schnelleren Auffinden einer bestimmten Information untergebracht werden. Ebenfalls kann dieser Raum für Grafiken und Tabellen genutzt werden, die größer sind als der eingestellte Satzspiegel.

Die Zeilenbreite beträgt 10,5 cm. Dies entspricht einer ungefähren Zeilenlänge von 55-60 Zeichen bei der gewählten Schriftart und -größe.

Die Kopfzeile wurde so konzipiert, daß über der Marginalienspalte die Kapitelnamen bis zur zweiten Gliederungsebene erscheinen. Somit sieht der Leser sofort, in welchem Kapitel des Handbuches er sich befindet, ohne die gerade aufgeschlagene Seite zu verblättern.

Auf den Innenseiten der Kopfzeile erscheint der Name des Programmes und die Art des Handbuches (Benutzer-, Installations- oder Systemhandbuch).

Die Fußzeile beinhaltet den Copyright-Vermerk des Handbuches und die abschnittsweise Seitennumerierung. Fuß- und Kopfzeile werden durch eine graue Linie vom Satzspiegel getrennt.

Auf der Umschlagseite der Handbücher erscheint die jeweilige Art der Anleitung. Der Anwender soll auf den ersten Blick sehen, um welche Anleitung es sich handelt. Somit kann er selektieren, ob die jeweilige Anleitung für ihn von Interesse ist. Als Auflockerung des Erscheinungsbildes befindet auf der Umschlagseite als Hintergrundbild ein Zeiterfassungsterminals.

Auf der Rückseite befindet sich das Impressum. Dieses beinhaltet die Art der Anleitung, das Datum der Erstellung, die Autoren sowie den Hersteller der Zeiterfassungssoft- und -hardware. Es enthält ebenfalls Hinweise auf eingetragene Warenzeichen von Firmen, auf die in der weiteren Anleitung Bezug genommen wird.

Als nächstes erscheint das Inhaltsverzeichnis der Anleitung. Dabei wurde großer Wert darauf gelegt, daß es nicht zu viele Informationen am Anfang des Handbuches zu vermitteln versucht. Hier findet man die Abschnitte bis zur zweiten Gliederungsebene. Dies hat den Vorteil, daß der Anwender am Anfang des Handbuches einen groben Überblick über den Inhalt erhält und nicht von einer Vielzahl von Inhaltsverzeichniseinträgen erschlagen wird. Er selektiert im vorderen Inhaltsverzeichnis das entsprechende Thema, das ihn interessiert und erhält in den dazugehörigen Kapiteln weiterführende Informationen.

Am Anfang eines jeden Kapitels erscheint wieder der Kapitelname auf einer eigenen Seite. Auf deren Rückseite befindet sich das Inhaltsverzeichnis für das folgende Kapitel. Im Gegensatz zum Inhaltsverzeichnis am Anfang des Handbuches findet man hier die Abschnitte bis zur dritten Gliederungsebene. Enthält das Kapitel nur einen Abschnitt wird auf ein Kapitel-Inhaltsverzeichnis verzichtet.

4.4 Auswählen und Strukturieren von Inhalten

Das Auswählen und Strukturieren der Inhalte stellte im Prozeß der Handbuch-Erstellung einen umfangreichen und komplexen Teil dar. Basierend auf verschiedenen Recherchen und Analysen mußte entschieden werden, aus welchen Inhalten letztendlich die Dokumentation aufgebaut werden soll. Für die Auswahl der Inhalte besonders wichtig, ist die genaue Kenntnis der Zielgruppe. Aufbauend auf deren Vorwissen und Informationsbedarf erfolgt die Selektion der möglichen Inhalte.

Im vorliegenden Fall besteht die Zielgruppe zum großen Teil aus Sekretärinnen. Da diese bereits Grundkenntnisse im EDV-Bereich besitzen, können allgemeine Ausführungen zum Arbeiten mit Software und Betriebssystemen entfallen. Die Zielgruppe verlangt ausreichende Ausführungen zu den Programmfunktionen im Stil einer Lernanleitung. Beispiele aus der Praxis sind dabei sehr vorteilhaft.

Nach der Auswahl der Inhalte besteht der nächste Schritt darin, sie in eine chronologische Reihenfolge zu bringen. Die Beantwortung folgender Fragen hilft beim Aufbau einer Makrostruktur bzw. einer Gliederung (vgl. /6/):

Welche Inhalte gehören zusammen?
Im vorliegenden Fall erforderten einige Inhalte mehr Vorkenntnisse als andere. Es bot sich in diesem Fall eine Gruppierung in getrennte Handbücher an:

- Installationshandbuch,
- Systemhandbuch,
- Benutzerhandbuch.

In welcher Sequenz sollen die Inhalte abgehandelt werden?

Die Inhalte werden so dargestellt, wie die Handlungen von der Software „leancom 4.0" gefordert werden. Diese Art der zeitrichtigen Abhandlung empfiehlt sich in diesem Fall, da die Bedienung eines Softwareprogrammes immer bestimmte Arbeitsschritte zu bestimmten Zeitpunkten erfordert. Dem Anwender wird dadurch eine notwendige Disziplin aufgezwungen, ohne die das Programm nicht erfolgreich benutzt werden kann.

Welche Inhalte sind sprachlich, welche bildlich effektiver zu vermitteln?

Bei dem zu beschreibenden Programm „leancom 4.0" besteht ein hoher Bedarf an Erklärungen zu abstrakten Vorgängen. Diese erfordern sprachliche Erläuterungen. Alle lokalen Zuordnungen werden durch Bilder vermittelt, da diese für diesen Zweck verständlichere Informationen liefern.

Welche Über- bzw. Unterordnungen sind sinnvoll?

Neben der grundlegenden Aufteilung in die drei verschiedenen Handbücher, erfolgt im umfangreichsten Teil – dem Benutzerhandbuch – eine tiefergehende Unterteilung. Beginnend mit einer aufgabenbezogenen Anordnung wird die Gliederung immer produktbezogener, d.h. immer mehr an die reale Bedienfolge im Programm angelehnt.

Welcher Anleitungstyp ist angebracht?

Der technische Autor steht zunächst vor einer unübersehbaren Zahl von Einzelinformationen, die gegebenenfalls in die Anleitung müssen. Eine Vorentscheidung über den Umfang der zu sammelnden Informationen ermöglicht die Bestimmung des Einsatztyps der Anleitung. Es können folgende Typen unterschieden werden:

- Instruktionstyp (bei feststehenden Bedienfolgen; Informationen werden in Handlungen umgesetzt),
- Lerntyp (Lernen zahlreicher Funktionen),
- Informationstyp (Nachschlagen von Funktionen).

Die drei Anleitungstypen sind Idealtypen, d.h. sie treten, wie im vorliegenden Fall, nicht in Reinform auf sondern vermischen sich. Der Anleitungstyp wechselt von Kapitel zu Kapitel.

Auswählen der Inhalte

Als Informationsquelle diente das bereits vorhandene Benutzerhandbuch für das Programm „leancom 3.0". Dieses Handbuch bezog sich auf die Anwendung der Software unter Windows 3.1 und 3.11.

Zum Bestimmen der weiteren Inhalte des Handbuches stand die Software „leancom 4.0" für die Betriebssysteme Windows 3.1, 3.11, Windows 95 und Windows NT zur Verfügung.

Die Aufgabe bestand darin, die Funktionen der alten Softwareversion mit der neuen zu vergleichen sowie die neuen Programmfunktionen hinzuzufügen.

Die Selektion der relevanten Informationen wurde nach dem Metaplan-Verfahren durchgeführt. Es wurde notiert, welche Funktionen das Programm „leancom 3.0" unterstützte. Dabei wurde Bezug auf die bereits existierende Anleitung genommen. Auf einem weiteren Zettel wurden die neuen Möglichkeiten von „leancom 4.0" aufgeschrieben. Hinzu kamen die geplanten Erweiterungen, die in der Vorversion der Software noch nicht implementiert worden sind.

Nun wurde ein Vergleich vorgenommen, um die für das Erstellen des Handbuches notwendigen Informationen herauszufiltern. Dabei stellte sich heraus, daß einige Funktionen nicht mehr existierten und andere einen größeren Funktionsumfang besaßen. Ebenfalls wurde herausgefunden, daß neue Funktionen implementiert wurden.

Durch die intensive Arbeit mit dem Programm „leancom 4.0" wurden im Verlauf der Informationssammlung diverse Layoutfehler, Fehlfunktionen und sogar Programmabstürze entdeckt. Diese Fehler wurden notiert und bei späteren Treffen dem Programmierer der Software mitgeteilt. Somit konnte sichergestellt werden, daß auch beim späteren Anwenden des Programmes keine unerwarteten Fehler beim Kunden auftreten.

5 Realisation

5.1 Umsetzen der Layoutvorschläge

Ergebnis der theoretischen Analysen und Vorarbeiten stellten die einsatzfertigen Layoutvorschläge dar. Diese dienten später dazu, den unformatierten Text und die Bilder zusammenzufügen.

Die Realisierung des Layouts erfolgte, aufgrund verschiedener Vorgaben, in „Microsoft Word". Dieses Programm unterstützt die gegliederte Dokumentenerstellung mit der Funktion Zentraldokument.

Für jedes der drei Handbücher wurde ein Zentraldokument angelegt. Dieses bildet praktisch den Rahmen oder Container für sogenannte Filialdokumente, für jedes Kapitel eines. Diese Anordnung hat den Vorteil, daß das Gesamtdokument auf mehrere Dateien verteilt ist. Im Fall eines Datenverlustes läßt sich so der Schaden begrenzen. Desweiteren wird gerade bei sehr umfangreichen Dokumenten wie im vorliegenden Fall, das Arbeiten mit „Microsoft Word" effektiver und schneller, da immer nur das jeweilig aktive Kapitel in den Speicher geladen werden muß.

Aufgrund der Teamarbeit war es notwendig, daß zeitgleich beide Teammitglieder an dem gleichen Handbuch arbeiten. Nur durch konsequentes Anwenden des Zentraldokumentes mit seinen Filialdokumenten konnte diese Arbeitsweise gewährleistet werden. Jedes Teammitglied konnte „sein" Filialdokument bearbeiten, ohne den Text des anderen zu verändern. Durch das Zentraldokument ist immer der aktuelle Stand des Gesamtdokumentes gesichert.

Nach dem Einrichten des Zentraldokumentes erfolgte die Definition verschiedener Formatvorlagen. Diese bestimmen für jedes Layoutelement das Aussehen, Schriftart, Position usw. Dadurch wird die Arbeit beim späteren Erfassen der Texte und Bilder stark vereinfacht und ein einheitliches Erscheinungsbild des Dokumentes erreicht. Die Formatvorlagen sind im Anhang dokumentiert.

Makros

Im Verlauf des Layoutumsetzens wurden einige Unzulänglichkeiten von „Microsoft Word" offensichtlich. Dazu gehören z.B. Formatierungen, die sich nicht automatisieren lassen. Da das Handbuch später jedoch von der Firma CTI GmbH weitergeführt werden soll, ist das eine Grundvoraussetzung. An solchen Stellen sind manuelle Nacharbeiten erforderlich, die sich jedoch mit sogenannten Makros auch programmieren lassen.

Für die erstellten Handbücher wurde eine Sammlung von Makros erstellt und unter einem benutzerfreundlichen Menü zusammengestellt. Die Quelltexte der Makros sind im Anhang zu finden.

Positionsrahmen

Als besonderes Gestaltungselement finden Positionsrahmen aus „Microsoft Word" Anwendung. Sie werden verwendet, um Bilder und Texte in die Marginalspalte aufzunehmen. Die Ausrichtung innerhalb der Positionsrahmen erfolgt mit Hilfe eines Makros.

Dokumentvorlage

Aus dem fertig vorbereiteten Layout wurde die Dokumentvorlage erstellt, die alle Formatvorlagen sowie die Seiteneinstellungen usw. enthält.

5.2 Erstellen der Bilder und Erfassen der Texte

Mit dem Umsetzen des Layouts wurde der Rahmen für die Handbücher geschaffen. Durch diese Vorarbeiten konnte das Erfassen der Texte und Erstellen der Bilder ohne weitere Überlegungen bezüglich Formatierungen ablaufen.

Textaufteilung

Die Aufteilung des Mengentextes und der Überschriften wurde sehr großzügig vorgenommen. Konkret bedeutet dies, daß Texte innerhalb der zweiten Gliederungsebene auf einer neuen Seite beginnen. Dies hat den Vorteil, daß die Seiten nicht zu überladen wirken und gleichzeitig den Anwender motivieren sollen, die Anleitung zu benutzen. Der Leser erhält den Eindruck, daß er die Informationen sehr schnell verarbeiten kann. Der Grund hierfür ist das oftmalige Umblättern der Seiten, daß ihm ein sehr schnelles Lesen und Verstehen suggeriert.

Bilder

Als wichtigstes Merkmal in der Anleitung sind die Visualisierungen bestimmter Funktionsaufrufe in der Software hervorzuheben.

Diese Visualisierungen sind in Form von Screenshots (Abbilder der Benutzeroberfläche) realisiert worden. Hierbei konnten die Screenshots der vorhandenen Anleitung nicht benutzt werden, da die neue Version des Programmes in den meisten Fällen unter dem Betriebssystem Windows 95 benutzt werden wird.

Diese Screenshots wurden mit dem Programm „Paint Shop Pro – Evaluation Version" vorgenommen. Für diese Art der Visualisierung stellt es eine Vielzahl von Möglichkeiten zur Verfügung. Gleichzeitig ist damit eine sehr gute Bildbearbeitung für die weitere Verwendung in „Microsoft Word" möglich.

Die Einbindung der erstellten Screenshots erfolgte als Verknüpfung. Dabei wird das eingeladene Bild nicht mit dem Dokument gespeichert, sondern nur dessen Dateipfad. Dies hat den Vorteil, daß bei einer späteren Änderung einer Funktion in „leancom 4.0" der Screenshot nur den Namen des bereits vorhandenen Screenshots erhalten muß. Bei einem erneuten Öffnen des Dokumentes in „Microsoft Word" wird das neu erstellte Bild anhand der Verknüpfung automatisch aktualisiert. Somit spart man Zeit bei einer Aktualisierung, denn wenn man keine Verknüpfung erstellen würde, müßte man das aktuelle Bild von Hand aktualisieren.

Als grundlegende Neuerung gegenüber der bisherigen Anleitung ist die Visualisierung der Funktionsaufrufe hervorzuheben. Diese wurde in der Marginalienspalte in Höhe der Erwähnung im Text eingefügt.

Damit konnten Formulierungen in der folgenden Art stark verein-facht werden: „Wählen Sie das Menü ‚Stamm' in der Menüleiste und von da im Untermenü ‚Profile' den Menüpunkt ‚Saldenprofile'." (vgl. „Handbuch leancom 3.0").

Diese Art der Beschreibung, die noch in sehr vielen Software-Handbüchern auftaucht, läßt kein schnelles Arbeiten zu. Der Anwen-der liest zwar erst einmal den vollständigen Satz, stellt jedoch beim Ausprobieren fest, daß er die vielen Informationen nicht sofort verar-beiten kann. Die Folge ist ein Hin- und Herschauen zwischen Monitor und Anleitung.

Das im neuen Handbuch eingefügte Abbild des Menüpunktes erlaubt dem Anwender ein schnelleres Auffinden des Funktionsaufrufes. Gleichzeitig konnte die Art der Beschreibung des Aufrufs reduziert werden: „Wählen sie den Menüpunkt **Stamm | Profile | Saldenprofile**" (vgl. „Benutzerhandbuch leancom 4.0").

Bei Tests mit verschiedenen Personen wurde herausgefunden, daß sich ein Abbild der Funktion schneller einprägt als eine textliche Be-schreibung.

Als weitere Visualisierungen in der Anleitung wurden Abbilder von Eingabefenstern, die sich nach einem Funktionsaufruf öffnen, einge-fügt. Um eine sinnvolle Erklärung der Funktionen von „leancom 4.0" zu ermöglichen, wurden aussagefähige Daten in diese Fenster eingetragen und dann der Screenshot vorgenommen. Damit ist auch eine gleichzeitige Erläuterung der Funktionen im Handbuch anhand der Visualisierungen möglich.

Der Anwender kann dadurch die angesprochenen Möglichkeiten des Programmes anhand der Screenshots nachvollziehen und selbst ausprobieren.

Tabellen

In dem Programm „leancom 4.0" tauchen sehr oft sogenannte Rollups auf, die eine Auswahl verschiedener Einstellungsmöglichkeiten beinhalten. Um diese Einstellungen möglichst übersichtlich erläutern zu können, wurde auf eine tabellarische Gegenüberstellung zurückgegriffen.

Diese Tabellen werden jedoch nicht als solche erkannt, wenn keine besondere Auszeichnung benutzt wird. Um dieses Problem zu lösen und gleichzeitig dem Gesamtlayout der Anleitung zu entsprechen, wurden die verschiedenen Tabellenzeilen abwechselnd mit einem hellgrauen Hintergrund unterlegt.

Auszeichnungen

Zum besseren Hervorheben spezieller Funktionsaufrufe oder Screenshot-Inhalte wurden spezielle Schriftschnitte der Grundschrift benutzt.

Besondere Hinweise oder Tips im Umgang mit der Software wurden durch eine stilisierte Glühlampe und eine linksseitige Markierung gekennzeichnet.

Diese Hervorhebungen werden am Anfang des Handbuches dem Leser erläutert. Somit ist gewährleistet, daß er wichtige Hinweise auf den ersten Blick erkennt und anwenden kann.

5.3 Testphasen

Eine Testphase bietet die Möglichkeit, das Benutzerverhalten näher zu erkunden, um daraus Hinweise für eine Gestaltung der Gebrauchsanweisung und auch des Produktes selber zu erhalten.

Durch intensive Tests mit ausgewählten Vertretern der Zielgruppe ist es möglich, Schwachstellen in den Texten aufzudecken. Der Aufwand ist allerdings nicht unerheblich, denn die Testpersonen müssen sich in Ruhe mit dem Produkt vertraut machen und in der Regel sämtliche Merkmale und Kapitel an einem Tag durcharbeiten (vgl. /7/).

Auf jeden Fall ist dieser empirische Test die einzige Möglichkeit zur Überprüfung der Verständlichkeit. Dabei kann zum einen die Zeit gemessen werden, die zur Umsetzung der Handlungen benötigt wird, zum anderen können Fehler in der Ausführung beobachtet werden.

Bei Formulierungen von Anweisungen, die falsch interpretiert werden konnten, wurde eine sofortige Befragung unter verschiedenen Studenten durchgeführt. Damit konnten von vornherein mißverständliche Aussagen innerhalb der Anleitung vermieden werden.

Nach dem Ende der redaktionellen Arbeit am Handbuch wurden Testpersonen ausgewählt. Aus Kosten- und Zeitgründen blieb die Anzahl der Benutzertests beschränkt.

Die Testpersonen hatten, nach eigenen Angaben, bisher noch nicht mit einem Programm zur Zeiterfassung gearbeitet. Somit vertraten sie die Gruppe der Erstanwender, auf die besondere Rücksicht bei der Erstellung des Handbuches genommen wurde.

Die Aufgabe der Testpersonen bestand darin, in kürzester Zeit verschiedene, vorgegebene Arbeitsgänge durchzuführen. Diese Arbeitsgänge wurden so ausgewählt, daß sie die grundlegenden Arbeitsschritte bei der Einrichtung der Software beinhalteten.

Auf eine teilnehmende Beobachtung, also dem „über die Schulter schauen", wurde verzichtet. Die unmittelbare Anwesenheit des Beobachters kann die Testpersonen unter Erfolgszwang setzen und deren Verhalten beeinflussen. Denn nicht die Testpersonen, sondern die Anleitung sollte getestet werden.

Die auftretenden Fragen während dieser Testphasen wurden notiert. Bei der späteren Überarbeitung der Anleitung wurde darauf geachtet, daß auf diese Fragen eingegangen wurde.

Es stellte sich heraus, daß bei einem so umfangreichen Programm, eine gewisse Übersicht der Funktionsvielfalt verloren geht. Um dies zu verbessern, wäre, so die einstimmige Meinung der Testpersonen, ein Übungsprogramm angebracht. Dies ist in manchen Berufszweigen, die mit umfangreichen Softwareprogrammen arbeiten, sogar schon Standard. Es soll dem Erstanwender beim erstmaligen Benutzen der Software helfen, sich schneller in das neue Programm einzuarbeiten.

Nach dem Ende der Tests erfolgte eine Überarbeitung des Handbuches hinsichtlich der Verständlichkeitsprobleme.

Aus Zeitgründen konnten die eigentlich notwendigen erneuten Testphasen nicht durchgeführt werden.

6 Ergebnis und Beurteilung der Arbeit

Aus der geforderten Erweiterung und Überarbeitung des Handbuches für die Software leancom 4.0 der Firma CTI GmbH ist in weiten Teilen eine Neuschöpfung der Anleitung geworden. Aufgrund der Analyse des vorhandenen Handbuches erschien das Neuverfassen, insbesondere der Hauptteil des Benutzerhandbuches, als erforderlich.

Ergebnis der Diplomarbeit sind drei nach den Grundlagen der technischen Dokumentation und der Typographie gestaltete Handbücher, die im wesentlichen sofort einsetzbar sind und der Firma CTI GmbH im günstigsten Fall Kosten im Kundendienst sparen und Vorteile im Marketingeinsatz ermöglichen.

Wegen der angesprochenen Neuerarbeitung sowie der ständigen Weiterentwicklung der zu beschreibenden Software „leancom 4.0" mußte der Bearbeitungszeitraum für die Diplomarbeit verlängert werden. Durch die umfangreichen Arbeiten an den Handbüchern mußte ein weiterer Aspekt der Diplomarbeit, das Erstellen eines Konzeptes zur automatischen Generierung von HTML-Seiten und Windows-Hilfedateien, vernachlässigt werden. Dies geschah im Einvernehmen mit der Firma CTI GmbH. Diese Aufgabe bleibt jedoch weiterhin von großer Bedeutung und sollte in Kürze von technischen Redakteuren in Angriff genommen werden, um dem Qualitätsanspruch technischer Dokumentationen auch in diesem Bereich, der sogenannten Online-Hilfe, gerecht zu werden.

Die vorliegenden Handbücher wurden so gestaltet, daß sie in allen Teilen sofort erweiterbar sind. Es muß jedoch auf eine einheitliche Gestaltung der Hinzufügungen geachtet werden.

Anhang

Anhang I – Formatvorlagen

Name	Beschreibung
Beschriftung	Bildlegende
Fußzeile;K5_Fzeile_rS	Fußzeile rechte Seite
Hinweis	besondere Auszeichnung für Hinweistexte („Glühlampe")
Index 1	Indexeintrag der Ebene 1
Index 2	Indexeintrag der Ebene 2
Indexüberschrift	Kennzeichnung der Anfangsbuchstaben
K1_Kol1_lb	Kolumnentitel linksbündig (graues Feld mit Abschnittsnamen)
K1_Kol1_rb	Kolumnentitel rechtsbündig (graues Feld mit Abschnittsnamen)
K2_Kol2_lS	Kolumnentitel linke Seite (Kopfzeile)
K2_Kol2_rS	Kolumnentitel rechte Seite (Kopfzeile)
K4_SNr_lb	Seitennummer linksbündig (Fußzeile)
K4_SNr_rb	Seitennummer rechtsbündig (Fußzeile)
K5_Fzeile_lS	Fußzeile linke Seite
K6_Kapitelstart_Nr	Kolumnentitel (graues Feld mit Kapitelnummer)
KapitelTitel	Kapitelüberschrift ohne Numerierung
Kopfzeile	Kopfzeile
Liste_Alphabet	Aufzählung mit alphabetischen Aufzählungszeichen
Liste_Num	Aufzählung mit numerischen Aufzählungszeichen
Liste_Strich	Aufzählung mit Gedankenstrich als Aufzählungszeichen
Liste_Strich_oA	wie Liste_Strich ohne nachfolgenden Abstand
Marginalie	Format für Marginalien
Standard	Standardformat für Mengentext
Standard_E1	Mengentext mit Einzug
Standard_Icon	Mengentext mit hängendem Einzug
Standard_oA	Mengentext ohne Abstand nach Absatzende

Name	Beschreibung
Tab_Kopf	erste Zeile einer Tabelle
Tab_Zelle	normale Zeilen einer Tabelle
Tab_Zelle_eingerückt	normale Zeilen einer Tabelle (eingerückt)
Tastatur	einzelne Zeichen der PC-Tastatur
TatstaturTerminal	einzelne Zeichen der Tastatur des Zeiterfassungsterminals
Ü_Inhalt	Überschrift Ebene 1 ohne Numerierung
Überschrift 1 - 3	Überschriften der jeweiligen Ebene mit Numerierung
Verzeichnis 1- 3	Inhaltsverzeichniseinträge der jeweiligen Ebene
ZwischenÜ1	Zwischenüberschrift Ebene 1 ohne Numerierung
ZwischenÜ2	Zwischenüberschrift Ebene 2 ohne Numerierung

Anhang II – Makros

Makro Commander

```
Sub MAIN
Begin Dialog BenutzerDialog 264, 136, "CTI-Handbuch-Commander
"
    PushButton 10, 10, 240, 21, "Dokumentenschutz aufheben",
.DokuSchutz
    PushButton 10, 35, 240, 21, "Grafikpfade aktualisieren",
.GrafikPfad
    PushButton 10, 60, 240, 21, "Marginalien ausrichten",
.Marginal
    PushButton 10, 85, 240, 21, "Indexverzeichnis", .Index
    CancelButton 10, 110, 240, 21
End Dialog
Dim Dlg As BenutzerDialog
X = 1
While x <> 0
x = Dialog(Dlg, - 2)
Select Case x
    Case 0
    Case 1
        ExtrasMakro .Name = "EntferneSchreibschutz",
.Anzeigen = 0, .Ausführen
    Case 2
        ExtrasMakro .Name = "Grafikpfad", .Anzeigen = 0,
.Ausführen
    Case 3
        ExtrasMakro .Name = "Marginal", .Anzeigen = 0,
.Ausführen
    Case 4
        ExtrasMakro .Name = "Indexüberschrift", .Anzeigen =
0, .Ausführen
    Case Else
        MsgBox "Unzulässiger Befehl!"
End Select
Wend
End Sub
```

Makro EntferneSchreibschutz

```
Sub MAIN
AnzeigeAktualisieren
If AnsichtZentraldokument() = 0 Then AnsichtZentraldokument
EinblendenEbene1
EndeDokument
DokumentSperren 0
BeginnDokument
Print "Entferne Schreibschutz der Dokumente..."
i = 1
While i <> 0
     DokumentSperren 0
     i = AbsatzUnten(1)
Wend
Print ""
AnsichtLayout
End Sub
```

Makro Indexüberschrift

```
Sub MAIN
Dim Layout
AnzeigeAktualisieren 0
BearbeitenTextmarke "TempXXX", .Hinzufügen
If AnsichtLayout() = 0 Then Layout = 0 Else Layout = 1
AnsichtKonzept 1
BeginnDokument
BearbeitenSuchenLöschenFormatierung
BearbeitenSuchenFV .Formatvorlage = "Index 1"
Print "Suche Indexverzeichnis..."
BearbeitenSuchen .Suchen = "", .Richtung = 0,
.GroßKleinschreibung = 0, .GanzesWort = 0, .Mustervergleich =
0, .Reserviert23 = 0, .Format = 1, .Textfluß = 0,
.Reserviert31 = 0
If BearbeitenSuchenGefunden() = 0 Then
    MsgBox "Indexverzeichnis konnte nicht gefunden werden!"
    Goto Ende
End If
Print "Formatiere..."
FormatSpalten .Spalten = "2", .SpaltenNr = "1", .SpaltenBreite
= "5 cm", .SpaltenAbstand = "0,5 cm", .GleicherSpaltenabstand
= 1, .SpaltenZuweisen = 0, .Zwischenlinie = 0,
.BeginneNeueSpalte = - 1
FormatFormatvorlage "Index 1", .Definieren
FormatFVDefTab .Position = "", .AlleLösch
FormatFormatvorlage "Index 1", .Definieren
FormatFVDefTab .Position = "5 cm", .Ausrichten = 2,
.Füllzeichen = 0, .Bestimmen
Print "Gehe zu Dokumentenanfang..."
Print "Suche Indexverzeichnis..."
BeginnDokument
BearbeitenSuchenFV .Formatvorlage = "Indexüberschrift"
BearbeitenSuchen .Suchen = "", .Richtung = 0,
.GroßKleinschreibung = 0, .GanzesWort = 0, .Mustervergleich =
0, .Reserviert23 = 0, .Format = 1, .Textfluß = 1,
.Reserviert31 = 0
While BearbeitenSuchenGefunden()
    Formatvorlage "Indexüberschrift"
BearbeitenSuchen
Wend
Ende:
BearbeitenGeheZu .Ziel = "TempXXX"
BearbeitenTextmarke "TempXXX", .Löschen
BearbeitenSuchenLöschenFormatierung
If Layout = 1 Then AnsichtLayout
End Sub
```

⌐ Makro Grafikpfad

```
Sub MAIN
Dim ErsetzenPfad$, AltPfad$, HilfsPfad$
On Error Goto Fehlerbehandlung
AnzeigeAktualisieren 0
BearbeitenTextmarke "TempXXX", .Hinzufügen
MsgBox "Die Dateipfade der Grafiken werden aktualisiert!" +
Chr$(13) + "Dieser Vorgang kann einige Zeit dauern!"
ErsetzenPfad$ = DateiNameInfo$(DateiName$(), 5)
If AnsichtLayout() = 0 Then AnsichtLayout
If AnsichtFeldfunktionen() = 0 Then AnsichtFeldfunktionen 1
AnsichtKonzept 1
BeginnDokument
Anz = 1
Print "Suche Grafik..."
BearbeitenSuchen "^d EINFÜGENGRAFIK", .Format = 0, .Textfluß =
0
While BearbeitenSuchenGefunden()
     Print "Weise neuen Pfad zu..."
     Dim Dlg As BearbeitenVerknüpfungen
     GetCurValues Dlg
     AltPfad$ = Dlg.DateiName
     index = 1 : pos1 = 0 : pos2 = 0
     While index > 0
          index = InStr(index, AltPfad$, "\")
          If index>0 Then pos2 = pos1 : pos1 = index : index =
index + 1
     Wend
     HilfsPfad$ = ErsetzenPfad$ + Mid$(AltPfad$, pos2 + 1)
     Dlg.DateiName = HilfsPfad$
     Print "Aktualisiere Verknüpfung " + Str$(Anz)
     Dlg.VerknüpfungAufheben = 1
     Dlg.GrafikSpeichernInDok = 0
     Dlg.JetztAktualisieren = 1
     BearbeitenVerknüpfungen Dlg
     ZeichenRechts
     Print "Suche Verknüpfung..."
     Anz = Anz + 1
     SuchenWiederholen
Wend
FastFertig:
AnsichtFeldfunktionen 0
AnsichtLayout
BearbeitenGeheZu .Ziel = "TempXXX"
BearbeitenTextmarke "TempXXX", .Löschen
AnzeigeAktualisieren 1
Goto Fertig
Fehlerbehandlung:
Select Case Err
          Case 509
If AnsichtZentraldokument() = 0 Then MsgBox "Das Makro kann
nicht ausgeführt werden, da ein Dokumentenschutz besteht.
```

```
Bitte benutzen Sie zuerst Dokumentenschutz aufheben und
versuchen es danach erneut!" : Goto FastFertig
        Case 545
If AnsichtZentraldokument() = 0 Then MsgBox "Das Makro kann
nicht ausgeführt werden, da ein Dokumentenschutz besteht.
Bitte benutzen Sie zuerst Dokumentenschutz aufheben und
versuchen es danach erneut!" : Goto FastFertig
        Case Else
MsgBox "Fehlernummer" + Str$(Err) + " ist aufgetreten!" :
Error Err
End Select
Err 0
Fertig:
End Sub
```

n **Makro Marginal**

```
Sub MAIN
Dim Zaehler
On Error Goto Fehlerbehandlung
AnzeigeAktualisieren 0
BearbeitenTextmarke "TempXXX", .Hinzufügen
Anfang:
Zaehler = 0
BeginnDokument
BearbeitenSuchenLöschenFormatierung
    BearbeitenSuchenFV .Formatvorlage = "Graphik_Marginal"
    BearbeitenSuchen .Suchen = "", .Richtung = 0,
.GroßKleinschreibung = 0, .GanzesWort = 0, .Mustervergleich =
0, .Reserviert23 = 0, .Format = 1, .Textfluß = 0,
.Reserviert31 = 0
While BearbeitenSuchenGefunden()
    If (AuswInfo(3) Mod 2) = 0 Then
        If AbsatzRechts() = 0 Then AbsatzRechts
    Else
        If AbsatzLinks() = 0 Then AbsatzLinks
    End If
    Zaehler = Zaehler + 1
    Print "Bearbeitete Textstellen: " + Str$(Zaehler)
    BearbeitenSuchen
Wend
FastFertig:
BearbeitenGeheZu .Ziel = "TempXXX"
BearbeitenTextmarke "TempXXX", .Löschen
BearbeitenSuchenLöschenFormatierung
Goto Fertig
Fehlerbehandlung:
Select Case Err
        Case 509
If AnsichtZentraldokument() = 0 Then MsgBox "Das Makro kann
nicht ausgeführt werden, da ein Dokumentenschutz besteht.
Bitte benutzen Sie zuerst Dokumentenschutz aufheben und
versuchen es danach erneut!" : Goto FastFertig
        Case 545
If AnsichtZentraldokument() = 0 Then MsgBox "Das Makro kann
nicht ausgeführt werden, da ein Dokumentenschutz besteht.
Bitte benutzen Sie zuerst Dokumentenschutz aufheben und
versuchen es danach erneut!" : Goto FastFertig
        Case Else
MsgBox "Fehlernummer" + Str$(Err) + " ist aufgetreten!" :
Error Err
End Select
    Err = 0
Fertig:
End Sub
```

7 Literaturverzeichnis

/1/ Krautmann, A.: Zur Analyse von Verständlichkeitsproblemen bei
der Gestaltung von Gebrauchsanleitungen. Köln: Copy Star,
1981. - ISBN 3-922292-05-4

/2/ Klix, F.: Informationen und Verhalten. Bern: 1971. - keine ISBN

/3/ AEG: Das Erscheinungsbild der AEG: Druckschriften. Heft 4.
- keine ISBN

/4/ Siemoneit, M.: Typographisches Gestalten. Frankfurt am Main:
Polygraph, 4. Auflage, 1989. - ISBN 3-87641-253-6

/5/ Reichert, G. W: Kompendium für Technische Dokumentationen: anwendungssicher mit Didaktisch-Typografischem Visuali-
sieren (DTV). Leinfelden-Echterdingen: Konradin, 1993. - keine
ISBN

/6/ Riedel F.; Walter K.-D.; Wallin-Felkner Ch.: Praxishandbuch
Technische Dokumentation. Augsburg: WEKA, Loseblatt-
Ausgabe, 1997. - ISBN 3-8111-7088-0

/7/ Schmidt, U.: Gebrauchsanweisungen - Form und Struktur: Eine
textsortenlinguistische Untersuchung. Bonn: Rheinische Fried-
rich-Wilhelms-Universität. Dissertation. 1996.

/8/ Zieten, W.: Gebrauchs- und Betriebsanleitungen: direkt, wirksam,
einfach und einleuchtend. Moderne Industrie: Landsberg/Lech,
1990. - ISBN 3-478-22330-X

/9/ Schlömer, T.: Der Weg zum Marketingeinsatz technischer Dokumentationen. In : tekom-Nachrichten, (1994) 2, S. 6-9.
- ISSN 0942-9905

/10/ Hahn, J. H.: Jetzt zieh den Zipfel durch die Masche: Das Buch der
Gebrauchsanweisungen. Zürich: Ammann, 1994.
- ISBN 3-250-0238-5

/11/ Kösler, B.: Gebrauchsanleitungen richtig und sicher gestalten.
Wiesbaden: Forkel, 1992. - ISBN 3-7719-7313-9

/12/ Holstein Schoff, G.; Robinson, P. A.: Writing and Designing
Manuals. Chelsea: Lewis Publishers, 2. Edition, 1991.
- ISBN 0-87371-421-0

/13/ Plötter, G.: Die Anleitung zur Anleitung: Leitfaden zur Erstellung
technischer Dokumentationen. Würzburg: Vogel, 1994.
- ISBN 3-8023-1534-0

/14/ Ott, S.: Technische Dokumentation im Unternehmen: Grundlagen und Fallbeispiele. Paderborn: IFB, 1. Auflage, 1996.
- ISBN 3-931263-05-3

/15/ Schmidt, U.: Bedienungsanleitung als Kommunikation: Eine
Einführung. Essen: Stamm, 1. Auflage, 1996. - keine ISBN

/16/ Mülder, W; Störmer, W.: Personalzeit- und Betriebsdatenerfassung: richtig planen, auswählen und einführen. Neuwied: Lucht-
erhand, 1995. - ISBN 3-472-01784-8

/17/ Junghanns, J.: Zeit- und Betriebsdatenerfassung: Anforderungen
und Lösungskonzepte. Landsberg/Lech: Moderne Industrie,
1993. - ISBN 3-478-93069-3

/18/ Adamski, B.: Die Organisation der computergesteuerten Zeitwirt-
schaft: erforderliche Grundlagen, benötigte Leistungsmerkmale, zu
erwartender Nutzen. Köln: Datakontext, 1995.
- ISBN 3-89577-022-1

Eidesstattliche Erklärung

Hiermit erklären wir an Eides statt, daß die vorliegende Arbeit ohne Hilfe Dritter und nur mit den angegebenen Hilfsmitteln erstellt wurde.

Aufteilung der Arbeiten

Heiko Schröder   **Peter Teich**

Erstellen der Screenshots   Gestalten des Layouts

Texterfassung im ASCII-Format   Erstellen der Makros

Gestalten der Visualisierungen   Gestalten der Schriftart

Benutzerhandbuch

Kapitel 3, 4, 6   Kapitel 1, 2

Abschnitte 5.1, 7.1-7.8   Abschnitte 5.2-5.4, 7.9, 7.10
                                            Checklisten

Systemhandbuch & Installationshandbuch

Texterfassung im ASCII-Format   Umsetzen der Texte ins Layout

theoretische Abhandlung

Abschnitte 1, 2.3, 3.1-3.5, 4.1,   Abschnitte 2.1, 2.2, 3.6, 3.7, 4.3,
    4.2, 4.4, 5.2, 5.3,   4.4, 5.1, 6, 7
    6

                                            allgemein: Umsetzen des Textes
                                            mit Beispielen in das Layout

Heiko Schröder

Peter Teich

Leipzig, Juni 1997

Dokument Nr. V185223
http://www.examicus.de
ISBN 978-3-86746-128-3